Du même auteur :
Boubi, le marmotton qui voulait voir la neige

© Editions GAP

Loi n°49 956 du 16 juillet 1949 sur les publications destinées à la jeunesse

2 rue du Marais - ZAC du Puits d'Ordet - 73190 CHALLES-LES-EAUX - France - Tél. 04 79 33 02 70 - Fax 04 79 71 35 34
e.mail : librairie@gap-editions.fr
Tous droits de reproduction et de traduction réservés pour tous pays.

Retrouvez tous nos ouvrages sur : **www.editions-gap.fr**

ISBN : 978-2-7417-0488-1 • EAN : 9782 74170 4881
Dépôt légal 3ᵉ trimestre 2013 • Réimpression à l'identique en Union Européenne en juillet 2015

Marjorie Bos

Boubi
l'incroyable été d'un marmotton

Editions GAP

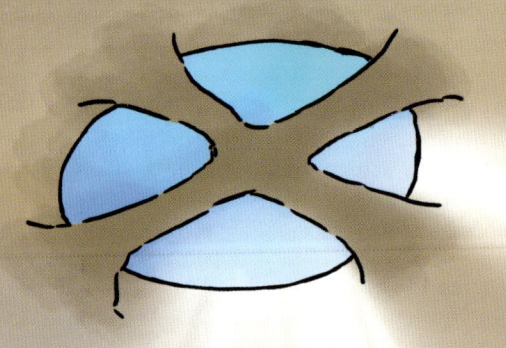

Après un long hiver d'hibernation, un rayon de soleil entre dans la chambre et réveille doucement Boubi le marmotton.

Dehors il fait très beau, c'est l'été !
Boubi va retrouver ses amis
Chami le Chamois et Pinou le Lapin.

« Bonjour Boubi, tu as bien dormi ? » demande Pinou.
« L'hiver a été rude et froid, ajoute Chami, mais maintenant il y a plein de choses à découvrir !

Viens, on va te montrer la montagne ! »

Derrière la colline, on entend des moutons que le berger a mis au vert après les longs mois passés à l'étable. « Regardez, le patou nous a vus ! Vite, cachons-nous ! » dit Chami.

« Qu'est-ce qu'un patou ? » demande Boubi.
« Le patou, c'est le chien de berger, explique Chami, il défend les moutons contre les prédateurs ! »
« Et il y a des prédateurs pour nous aussi ! » ajoute Pinou.

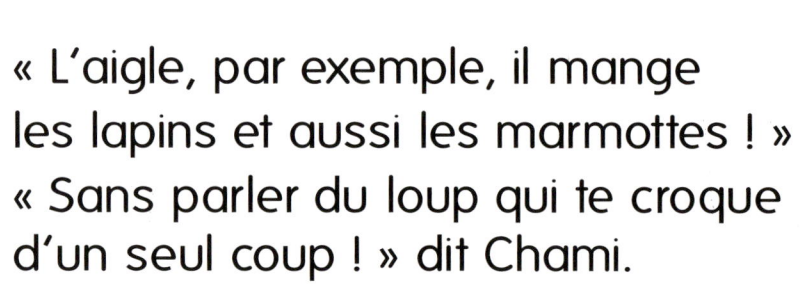

« L'aigle, par exemple, il mange les lapins et aussi les marmottes ! »
« Sans parler du loup qui te croque d'un seul coup ! » dit Chami.

« Et ça, qu'est-ce que c'est ? » demande Boubi.
« C'est un déchet, dit Chami. Certains humains laissent traîner des choses dégoûtantes et ça pollue. »
« Ces objets ne sont pas biodégradables, ajoute Pinou. Ils restent longtemps dans la nature avant de disparaître. Il faut donc les mettre à la poubelle ! »

« L'été, les humains sont partout, ils font du VTT, de la randonnée, du parapente… » explique Pinou.

« Mais regardez ! Ce n'est pas Florent là-bas ? »
Boubi est certain d'apercevoir son ami Florent
qui lui a fait découvrir la neige l'hiver dernier.
Il se met à siffler pour le saluer et Florent lui répond !

« Regarde, Boubi, toutes ces fleurs » dit Pinou. Comme elles sont belles ! Certaines sentent bon, d'autres sont délicieuses à manger pour les chamois !

Celle avec un gros ventre jaune, c'est un Sabot-de-Vénus.

La bleue, c'est une Gentiane.

Quant à la jolie rose, c'est un Lys Martagon.

« Mais la reine de toutes les fleurs de montagne, c'est l'Edelweiss !
Il faut monter très haut pour la trouver » dit Chami.

« Comment ça se fait qu'il y a encore
de la neige là-haut ? » demande Boubi.
« Ce sont les neiges éternelles.
Elles ne fondent jamais parce qu'il fait
très froid en altitude », explique Pinou.

« Et ce que tu vois en bas
c'est un glacier au bord d'un lac
de montagne, ajoute Chami,
l'eau y est très pure. »

En altitude, on rencontre des oiseaux qui nichent dans les rochers.
Il y a le Gypaète Barbu, appelé comme cela à cause des plumes qui lui tombent sous le menton. Il y a aussi le Chocard à Bec Jaune qui vit en groupe et le Tichodrome Échelette qui vit tout près des neiges éternelles en été.

« Voici l'Edelweiss ! dit Chami.
Regarde comme elle est belle ! C'est une fleur très rare,
ses pétales sont couverts d'un duvet, ce qui la rend
très douce au toucher. »

« Je veux la voir de plus près ! » dit Boubi.

Arrivé en haut, il se retrouve nez à nez avec...
une charmante petite marmotte !

Boubi trouve cette petite marmotte très jolie...
« J'aimerais t'offrir l'Edelweiss » dit-il.
« Ne la cueille pas, Boubi ! C'est une fleur protégée ! » s'exclame Chami.

« Il faut la laisser dans la nature.
Et c'est bien plus joli ! »

« Bonjour, nous sommes Boubi, Chami et Pinou ! »
« Salut, je suis Quenotte et voici Bouquetine ! »
« Tu en as de grandes cornes, Bouquetine ! » dit Chami.
« C'est normal, je suis un Bouquetin » répond celle-ci.

Soudain, une ombre passe au-dessus d'eux.
Boubi lève les yeux et voit un grand oiseau menaçant !

« Attention, un aigle nous attaque ! » s'écrie Pinou.

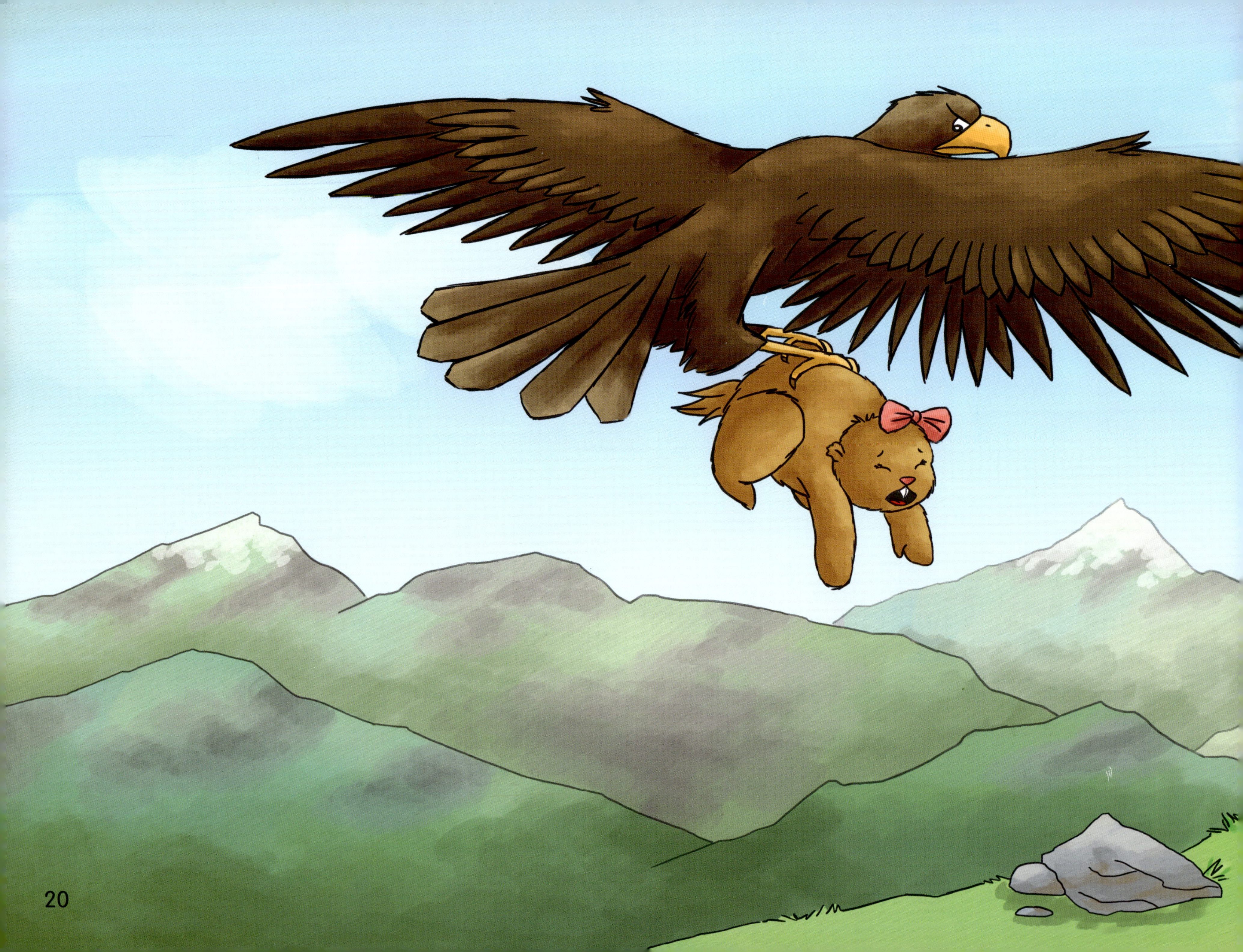

Mais avant même que Quenotte ait eu le temps de s'enfuir, l'aigle l'attrape entre ses serres et l'emporte dans les airs vers son nid perché tout en haut d'une crête rocheuse.

Il faut sauver Quenotte !

Boubi et ses amis courent vers la crête pour atteindre le nid. Ils font beaucoup de bruit et lancent des cailloux en direction de l'aigle pour le faire fuir.

Puis, Chami et Bouquetine aident Boubi
à atteindre le sommet de la crête.
« Je t'attrape ! » dit Boubi.

Et Quenotte descend vite
avant que l'aigle ne revienne.

« Merci, Boubi, de m'avoir sauvée ! » dit Quenotte.
Puis elle lui dépose un tendre bisou sur la joue.

Cette promenade en montagne
a été riche en découvertes !

« Je dois rentrer chez moi, Boubi »
dit Quenotte.
« Au revoir, et à bientôt ! »